Luise Holthausen

Drei Freunde decken auf

Luise Holthausen

LEVEL 1 2 3

Drei Freunde
decken auf

Mit Bildern von
Anna Laura Jacobi

Hase und Igel®

Als Titel der Reihe LEVEL 1, 2, 3
liegt dieses Buch in drei Schwierigkeitsstufen vor.

Außerdem gibt es dazu für Lehrkräfte
ein ausführliches Begleitmaterial beim Hase und Igel Verlag.

Dieses Buch erschien erstmals 2011 in der Duden-Reihe „Lesedetektive".
Für die vorliegende Ausgabe wurde es gekürzt und neu illustriert.

© 2020 Hase und Igel Verlag GmbH, München
www.hase-und-igel.de
Lektorat: Anna Schultes
Satz: Appel Grafik München GmbH
Druck: Grafisches Centrum Cuno GmbH & Co. KG

ISBN 978-3-86316-059-3
4. Auflage 2022

Inhalt

1. Eine echte Sensation? 7

2. Brandheiße Neuigkeiten 13

3. Treffen mit Informanten 17

4. In der Redaktion 24

5. Planungen 27

6. Recherchearbeit 31

7. In letzter Minute 38

8. Die Schlagzeile 43

1. Eine echte Sensation? _____

Der Kopierer rattert. Simon sortiert die be-
druckten Blätter, Teris tackert sie zusammen.

„Hast du den schon gelesen?" Teris grinst.
„Kommt ein Skelett zum Arzt. Sagt der Arzt:
Sie sind aber spät dran. – Gut, was?"

Simon verdreht die Augen. So ein Uraltwitz!

„Oder der hier", fährt Teris fort. „Kommt ein
Skelett zum Zahnarzt …"

Simon wirft die Kopien auf den Tisch. „Mann,
wir sind 'ne Schülerzeitung, kein Witzblatt!"

Teris tackert ungerührt weiter. „Alle mögen Witze. Hm, alle außer dir. Ein Interview und eine Reisereportage haben wir auch."

Ja, klingt großartig. Aber das Interview
5 musste Simon mit Herrn Arendt führen. Und der Lehrer hat kaum den Mund aufbekommen.

Die Reisereportage ist von Teris. In den Ferien fährt er immer nach Griechenland, weil dort seine Großeltern leben. Zuletzt hat er sie
10 an Ostern besucht. Der Text ist also nicht aktuell. Und wen interessiert es, dass Teris schwimmen war und Fußball gespielt hat?

„Wir müssten mal eine echte Sensation bringen, eine Exklusivmeldung. Dann reißen
15 uns alle die Zeitung aus den Händen." Simon schaut sehnsüchtig auf die Kopien.

Jemand läuft an der offenen Tür vorbei.

„Hey, Hanna!", ruft Simon. Hanna ist in der Garten-AG. Deswegen sollte sie über die letzte Pflanzaktion schreiben. Die ist allerdings auch schon wieder Wochen her.

Hanna linst um die Ecke. „Ich hab gar keine Zeit." Schnell rennt sie weiter.

5 Simon seufzt. So macht das keinen Spaß.

„Fertig!" Teris knallt die letzte getackerte Zeitung auf den Tisch. „Fünfzig Exemplare. Die können wir morgen in der großen Pause verteilen", sagt er zufrieden. „Wollen wir jetzt

10 zum Baumhaus?" Er stürmt nach draußen. Simon schlurft hinter ihm her.

Zum Baumhaus ist es nicht weit. Die beiden haben es am Rande des Wäldchens selbst gebaut. Es besteht zwar nur aus ein paar

15 Brettern, aber es ist ihr Geheimhaus.

Teris klettert nach oben. Simon hangelt sich hinterher. Eine Weile sitzen sie einfach still da. Langsam verfliegt Simons Ärger.

9

„Guck, diese komischen Vögel sind wieder
hier", flüstert Teris auf einmal.

Von den Obstbäumen fliegen zwei braun-
weiß gefiederte Vögel auf sie zu.

5 „Die sehen aus wie Eulen", meint Simon.

„Eulen sind aber nachtaktiv und schlafen

tagsüber." Teris kneift die Augen zusammen.

„Jetzt ist einer im Stamm verschwunden."

„Vielleicht nisten sie in einer Baumhöhle.

10 Piepst da nicht irgendwas?"

10

Sie lauschen. Nein, das ist kein Vogel – das
sind Stimmen. Die Jungen gehen in Deckung.

Unter ihnen sagt ein Mann: „Ich hab mit der
Baufirma gesprochen. Bald rücken die Bagger

5 an. Und als Erstes werden die Bäume gefällt."

Simon umklammert das Brett, auf dem er
sitzt. Baufirma, Bagger, Bäume fällen?

„Ist denn mit der Baugenehmigung für das
Einkaufszentrum jetzt alles wasserdicht,

10 Claudius?", fährt der Mann fort.

„Die Baugenehmigung hab ich diese Woche
erledigt. Mit beiden Unterschriften", antwortet
ein zweiter Mann.

„Sehr gut, Claudius. Dann haben sich meine

15 kleinen Spenden ja gelohnt."

Gelächter ertönt. Kurz darauf ist es still.

Simon schwirrt der Kopf. „Was heißt das?"

„Das Wäldchen soll abgeholzt werden
für ein schickes neues Einkaufszentrum",

11

murmelt Teris. „Und das heißt, es ist Schluss mit unserem Baumhaus."

Simon erstarrt. „Das gibt's doch nicht. Wieso weiß niemand was davon? … Alle müssen es
5 erfahren! Und das heißt, Teris …"

„Ja, wir haben unsere Exklusivmeldung! Nichts wie runter hier!"

12

2. Brandheiße Neuigkeiten ____

Kaum klingelt es am nächsten Vormittag zur großen Pause, stürzen Simon und Teris aus dem Klassenraum der 4a. Mit ihrer Zeitung stellen sie sich an den Eingang vom Schulhaus.

5 „Kostenlose Schülerzeitung!", ruft Simon.

„Brandheiße Neuigkeiten!", schreit Teris.

Jeder, der auf den Pausenhof will, muss an ihnen vorbei und bekommt eine Zeitung.

„Ach, euer Witzblatt schon wieder", schnaubt 10 Paul aus ihrer Klasse.

„Toll, danke", meint eine Lehrerin.

„Keine Zeit!", ruft Hanna.

Hat überhaupt jemand richtig hingeschaut? Ewig haben die zwei gestern noch an ihrem 15 Sensationsartikel gefeilt. Die neue Schlagzeile ist nicht zu übersehen:

Rettet unseren Wald!

Bäume werden für Einkaufszentrum abgeholzt

13

Vor Simon bleibt ein Mädchen mit bunten
Strähnchen im Pony stehen. „Hi, ich bin Jule.
Krieg ich auch eine Zeitung?"

„Klar." Teris streckt Jule sein letztes Exem-
plar entgegen. „Gehst du hier in die Schule?"

Jule nickt. „In die 4b. Aber erst seit ein paar
Tagen." Dass Teris sie schmachtend anschaut,
merkt Jule gar nicht. Sie liest die Schlagzeile.
„Hey, was für ein Hammerartikel!", meint sie.

„Haben wir geschrieben", sagt Simon stolz.

„Wir beide", betont Teris.

14

„Okay, man sieht sich." Jule hüpft weiter zu den Tischtennisplatten.

Teris starrt ihr hinterher. „Die ist ja cool!"

Simon zuckt mit den Achseln. „Ein Mädchen halt." Immerhin ist Jule die Erste, die ihren Artikel richtig gewürdigt hat.

Zu Hause drehen sich Simons Gedanken im Kreis. Was passiert nun? Lesen die anderen den Artikel? Beschweren sich ihre Eltern bei der Stadt? Simon seufzt. Schön wär's. Aber wahrscheinlich passiert gar nichts.

Das Telefon klingelt. Als Simon abhebt, meldet sich eine Männerstimme. „Hier ist Jonathan Kant vom Kullheimer Morgenblatt. Spreche ich mit Simon von der Schülerzeitung?"

Simon fällt fast der Hörer aus der Hand. „J-J-Ja", stottert er.

15

„Prima. Ich will gerne mehr über die Sache mit dem Einkaufszentrum wissen. Hast du Zeit?"

„J-J-Ja."

„In einer halben Stunde im Eiscafé Venezia? Frag bitte noch deine Eltern, ja?"

Simon bringt ein weiteres „J-J-Ja" heraus, bevor ihm der Hörer wirklich aus der Hand fällt. Zwei Sekunden später hat er ihn aber schon wieder am Ohr und brüllt hinein: „Teris, weißt du, wer mich eben angerufen hat?"

„Jule?", rät Teris mit hoffnungsvoller Stimme.

„Nein, du Idiot. Ein Journalist vom Kullheimer Morgenblatt will sich mit uns treffen."

Stille. Dann krächzt Teris: „Bin unterwegs!"

Kurz darauf steht Teris mit seinem Fahrrad vor der Tür. „Will der unseren Artikel drucken?"

Das hat Simon sich auch schon gefragt. Wie ist er überhaupt an ihren Artikel gekommen? Aber das werden sie alles gleich erfahren.

16

3. Treffen mit Informanten ____

In Rekordgeschwindigkeit fahren sie zum Eiscafé. Es ist warm und die Gäste sitzen draußen an kleinen Tischen. Simon schaut sich suchend um. „Und wo ist er jetzt?"

5 „Da!" Teris strahlt.

„Wo?" Simon kann niemanden erkennen, der wie ein Journalist aussieht. Ein Journalist müsste ein Notebook dabeihaben. Oder ein Diktiergerät. Zumindest ein Notizbuch bräuchte

10 er doch. Aber der einzige Mann ist ein Vater mit seiner Tochter, die einen Eisbecher vertilgt. – Und die Tochter ist Jule.

„Hallo, Jule", sagt Teris.

„Hi." Jule grinst sie unter ihren bunten Pony-

15 strähnchen hervor an. „Das ist mein Vater."

Simon nickt höflich. „Guten Tag." In Gedanken ist er aber ganz woanders: Wann kommt denn nun dieser Jonathan Kant?

„Schön, dass ihr da seid", sagt der Vater.

„Eigentlich sind wir schon verabredet", meint
Simon. Er tritt von einem Fuß auf den anderen.
„Ja, mit mir. Ist das dein Co-Autor?"
Simon blinzelt. „Was?"

5   „Habt ihr beide den Artikel geschrieben?"
„Sie haben ihn gelesen?", fragt Simon.
Jules Vater lacht. „Darum hab ich angerufen."
Jetzt kapiert Simon endlich, wer vor ihm
sitzt: „Sie sind Jonathan Kant!"

10   Nachdem die Jungen einen Eisbecher be-
stellt haben, zieht Herr Kant ein Notizbuch

18

aus der Tasche. „Ihr habt euch das mit dem
Einkaufszentrum nicht nur ausgedacht, oder?"

„Natürlich nicht." Simon ist empört. Ein
Zeitungsredakteur erfindet doch nichts.

5 Simon fängt an zu erzählen. Herr Kant hört
schweigend zu. Ab und zu schreibt er in sein
Büchlein. Simon möchte am liebsten gar
nicht mehr aufhören. Jedes Detail nennt er.

Nebenbei erwähnt Simon auch die braun-
10 weißen Vögel, die sich womöglich ein neues
Zuhause suchen müssen. Da unterbricht ihn
Jules Vater: „Was sind das für Vögel?"

„Die sehen aus wie Eulen. Aber Teris meint,
Eulen sind nachtaktiv", erwidert Simon.

15 „Habt ihr zufällig ein Bild von denen?"

„Meine Eltern haben ein Bestimmungsbuch",
sagt Teris. „Da kann ich nachschauen. Wieso?"

Herr Kant winkt ab. „Ach, wahrscheinlich ist
es nicht wichtig … Erzähl weiter."

Als Simon bei den „kleinen Spenden" ankommt, unterbricht der Journalist ihn wieder: „Was hat der Mann genau gesagt?"

„Na ja, er meinte so ungefähr ..."

5 „Nicht ungefähr", sagt Herr Kant. „Wörtlich."

Simon seufzt. Wörtlich weiß er es nicht mehr. „Schreiben Sie jetzt, dass der Wald nicht abgeholzt werden darf?", fragt er.

Herr Kant legt seinen Stift hin. „Das kann

10 ich nicht schreiben. Bisher geht es um reine Vermutungen. Ich brauche Fakten."

„Aber wir müssen das Wäldchen retten!", ruft Simon.

Jules Vater nickt. „Daran liegt mir genauso

15 viel wie euch. Trotzdem ist es sehr wichtig, dass ein Zeitungsartikel den Tatsachen entspricht. Ich muss recherchieren und eure Hinweise überprüfen. Auf dem Weg zur Redaktion frage ich im Bauamt nach der Bauge-

nehmigung." Herr Kant bezahlt das Eis und
sagt dann: „Ihr könnt mich später in der Redaktion besuchen. Aber nicht vor halb fünf.
Bis dahin hab ich hoffentlich die Informationen."

5 „Und wo ist die Redaktion?", fragt Teris.

„Ich zeig sie euch. Sagt mir, wo ihr wohnt,
und ich hol euch ab", verspricht Jule.

Die beiden Jungen fahren zu Teris. Dort versuchen sie, Hausaufgaben zu machen. Aber

21

Simon malt nur Kringel in sein Heft. Teris starrt Löcher in die Luft und seufzt ab und zu etwas, das verdächtig nach „Jule" klingt.

„Das Buch", sagt Simon plötzlich.

Teris springt auf. „Stimmt, wir haben Jule versprochen, die Vogelart rauszukriegen."

„Wir haben es ihrem Vater versprochen", korrigiert Simon.

Obwohl die Jungen das ganze Wohnzimmer auf den Kopf stellen, finden sie es nicht. Simon ruft zu Hause an und fragt seine Mutter, aber die hat kein Bestimmungsbuch. „Ihr könntet in die Bücherei gehen", schlägt sie vor.

„Gute Idee!" Simon will sofort los.

Teris hält ihn zurück. „Jule holt uns doch gleich ab. Das Flattervieh ist wahrscheinlich komplett unwichtig."

Simon ist sich da nicht sicher. Recherchieren, Informationen zusammentragen und dann

alles auswerten – so macht man das als
Journalist. Und Herr Kant war interessiert an
dem Vogel.

Aber als es klingelt und Jule vor der Tür
5 steht, vergisst auch Simon den Vogel. Denn
jetzt geht's in die Redaktion. In eine echte
Zeitungsredaktion!

4. In der Redaktion _____

Die Redaktion sieht aus wie ein großes Büro mit
vielen Schreibtischen, auf denen Bildschirme
stehen. Leute tippen, Telefone klingeln. Auch
Jonathan Kant hämmert in die Tasten.

5 „Hallo, Papa", sagt Jule.

„Hallo, Herr Kant", sagen Simon und Teris.

Jonathan Kant blickt auf. „Gute Nachrichten:
Unser Artikel kommt auf die erste Seite!" Er

24

schaut wieder auf den Bildschirm. „Mir fehlt nur noch ein passender Schluss."

Simon ballt die Faust. Geschafft! Diesen Artikel wird niemand mehr übersehen. Aufge-
5   regt linst er Herrn Kant über die Schulter.

Obwohl alles seine Ordnung zu haben scheint, bleibt die Frage, warum das Bauvorhaben bisher verschwiegen wurde. Fürchtet man die Reaktionen der Bevölkerung?

10   Simon liest die Sätze zweimal. „Wieso hat alles seine Ordnung?", ruft er empört. Diesen Artikel hat er sich völlig anders vorgestellt!

Jules Vater zieht ein Blatt hervor. „Das ist die Kopie der Baugenehmigung. Unterschrieben
15   und von einer zweiten Person gegengezeichnet, genau wie es sein muss. Auch wenn es uns nicht passt, da ist alles in Ordnung."

Simon wird schwindlig. Das darf nicht wahr
sein! Die wollen ihr Wäldchen plattmachen
und dann heißt es nur: Da ist alles in Ordnung.

„Schaut mal, Jungs, ich passe nun meinen
5 Artikel ins Layout der Zeitung ein." Herr Kant
will sie offensichtlich trösten.

Sonst würde Simon das auch wahnsinnig in-
teressieren. Jetzt aber nicht. Sein Blick wandert
zur Baugenehmigung. „Claudius Weiler", liest
10 er. „Rainer Schuldes." Moment ... Claudius,
das war doch der Name des Mannes im Wald!
Ein ungewöhnlicher Name. So hießen vielleicht einmal römische Kaiser, aber heute ...?

Teris ist Simons Blick gefolgt. „Rainer
15 Schuldes", liest er verblüfft. In der nächsten
Sekunde stürmt er ohne Vorwarnung davon.

„Hey, wo willst du denn hin?", ruft Simon. Er
sieht Jule an, dann rennen sie Teris hinterher.

5. Planungen

Erst auf der Straße holen sie Teris ein. „Wo
willst du hin?", wiederholt Simon keuchend.

Endlich bleibt Teris stehen. „Zu Rainer
Schuldes. Den kenn ich! Das ist unser Nach-
bar." Plötzlich schlägt er sich gegen die Stirn.
„Mist, das geht ja gar nicht. Der ist im Urlaub."

Jule zückt ein Notizbuch. „Wie lange schon?",
fragt sie. Ihre bunten Ponysträhnen wippen.

„Keine Ahnung. Bestimmt seit zwei Wochen."

27

„Das kann nicht sein", widerspricht Simon.
„Die Baugenehmigung ist vom 13. Juni. Er hat
also vor genau vier Tagen unterschrieben."

„Aber meine Mutter leert seinen Briefkasten
und gießt die Blumen", versichert Teris.

Eine Baugenehmigung unterschreiben und
gleichzeitig Urlaub machen? Das geht ja wohl
nicht! Simon wird nervös. Sie müssen Herrn
Kant davon überzeugen, dass hier etwas nicht
stimmt.

Jule kritzelt in ihr Notizbuch. „Kannst du das
noch mal nachprüfen mit dem Urlaub?"

Teris nickt. „Mach ich."

„Danach versuchen wir auf dem Bauamt
etwas über Claudius Weiler rauszukriegen",
schlägt Simon vor.

„Und ich kümmere mich um den Vogel." Jule
klappt ihr Buch zu. „Uhrenvergleich. Es ist …"

„Fünf Uhr", sagt Simon.

„Bei mir ist es fünf
nach fünf." Teris
grinst und fügt hinzu:
„Aber meine Uhr
5 geht immer vor."
„Drei Minuten
nach", sagt Jule.
„Wir sollten die-
selbe Zeit haben."

10 Die beiden Jungen stellen ihre Uhren auf
drei Minuten nach fünf.

„Wann treffen wir uns wieder?", fragt Simon.

„Hm …" Jule legt die Stirn in Falten. „Heute
Abend um zehn startet der Druck der Zeitung.
15 Vorher muss mein Vater seinen Artikel ja vielleicht noch umschreiben … Also spätestens um
sieben Uhr sollten wir in der Redaktion sein."

Um sieben! Das sind nur zwei Stunden!
Jule saust gleich los. „Bis später!"

Teris schaut ihr sehnsüchtig hinterher. „Soll ich Jule nicht mit dem Vogel helfen? Ich weiß doch viel besser, wie der aussieht."

Langsam wird Simon sauer. Haben sie denn
5 nichts Wichtigeres zu tun, als ein Mädchen mit bunten Ponysträhnen anzuschmachten? „Mann, wir haben es eilig! Und Jule kann das auch allein."

„Na gut", sagt Teris seufzend. Dann reißt er
10 sich endlich los und folgt Simon.

6. Recherchearbeit ⸺

Zuerst rufen sie Teris' Mutter an und fragen,
seit wann sie beim Nachbarn die Blumen
gießt. „Seit Anfang Juni", ist ihre Antwort.

Als Teris auflegt, wissen sie mit Sicherheit,
5 dass Rainer Schuldes die Baugenehmigung
nicht unterschrieben haben kann. Weil er nämlich überhaupt nicht da ist.

„Und das bedeutet", kombiniert Simon, „die
Unterschrift muss jemand gefälscht haben!"

10 Auf einmal erinnert er sich auch wieder, was
dieser Claudius im Wäldchen gesagt hat: „Die
Baugenehmigung hab ich diese Woche erledigt. Mit beiden Unterschriften." Diese Sätze
ergeben doch jetzt einen besonderen Sinn!

15 Simon schaut auf die Uhr und erschrickt.
Halb sechs! Sie müssen sich beeilen.

Im Bauamt sitzt um diese Uhrzeit nur ein ein-
samer Pförtner und erklärt ihnen: „Wir haben
schon geschlossen. Zu wem wolltet ihr?"

„Zu Herrn Weiler", antwortet Simon.

„Zu unserem Bauamtsleiter? Da hättet ihr heute sowieso kein Glück gehabt." Er lächelt verschwörerisch. „Umzugsurlaub."

5 Der Pförtner sieht aus, als würde er gerne plaudern. Simon versucht sein Glück: „Schön, hat es also geklappt mit dem neuen Haus."

Und der Pförtner springt darauf an: „Kennt ihr Herrn Weiler denn?"

10 Simon und Teris nicken einträchtig.

„Dann wisst ihr ja sicher, dass das kein Haus ist, sondern eine Villa." Er seufzt. „So eine Erbschaft würde ich auch gern mal machen."

„Können Sie uns die neue Adresse von

15 Herrn Weiler geben?", fragt Simon forsch.

Der Pförtner runzelt die Stirn. „Das geht nicht. Aber ihr habt doch gesagt, ihr kennt ihn …"

„Klar, wir rufen ihn einfach an", unterbricht Teris den Mann hastig. Er zieht Simon mit

sich. „Das war verdammt auffällig", meint Teris
vor der Tür. „Wir sollten vorsichtiger sein."

„Immerhin haben wir rausgekriegt, dass er
angeblich eine dicke Erbschaft gemacht hat",
5 sagt Simon. Und zumindest Weilers alte
Adresse finden sie bestimmt im Internet.

Kurz nach sechs Uhr erreichen die Jungen die
alte Wohnung. Der Name steht noch an der
Klingel. Als sie drücken, rührt sich aber nichts.
10 Simon klingelt entschlossen woanders.

Im Erdgeschoss geht ein Fenster auf und
eine Frau steckt ihren Kopf heraus. „Hört auf
mit euren Klingelstreichen!", schimpft sie.

„Wir wollen zu Herrn Weiler", sagt Teris.
15 „Wenn er nicht öffnet, wird er wohl nicht da
sein, oder?"

„Er ist umgezogen. Aber wir wissen seine
neue Adresse nicht", sagt Simon.

„Und wir möchten so gerne mal sein tolles Haus bewundern", fügt Teris hinzu.

„Ich auch!", ruft die Frau. „Ich möchte auch in der Mahlerstraße wohnen! Ich möchte auch

5   einen Mann, der viel Geld mit Aktien verdient!" Damit knallt sie das Fenster wieder zu.

„Puh, hat die 'ne Laune", schnauft Teris.

Simon grinst. „Jetzt wissen wir aber, dass Weiler in die Mahlerstraße gezogen ist."

34

Teris wirft einen Blick auf seine Uhr. „Uns
bleibt nicht mehr viel Zeit."

Sie schwingen sich auf ihre Fahrräder und
rasen wie die Teufel zur Mahlerstraße.

5   „Hast du gehört, was die Frau gesagt hat?",
ruft Simon Teris unterwegs zu. „Sie meinte,
sie möchte auch einen Mann, der viel Geld
mit Aktien verdient."

„Vom Pförtner wissen wir, dass Weiler eine
10 Erbschaft gemacht hat. Was denn nun?"

Gute Frage! Simon ist überzeugt, dass
beides nicht stimmt.

Jetzt biegen sie in die Mahlerstraße ein. Ein
Superhaus steht hier neben dem anderen.

15 Langsam fahren sie an den Villen entlang.
Simon schaut auf die Uhr. Fünf nach halb
sieben. Das wird verdammt knapp.

Vor der größten Villa faltet eine Frau gerade
einen Pappkarton zusammen. An ihrem Bein

hält sich ein kleiner Junge fest und quengelt:
„Will meinen Bagger haben!"

„Der ist noch in einer Umzugskiste, Magnus",
antwortet die Frau.

5 Magnus? Simon bremst scharf. Er schaut
zur Haustür, wo ein großes Schild hängt: *Hier
wohnen Titus, Magnus, Susanne und Claudius
Weiler.* Volltreffer!

Ein zweiter Junge kommt aus der Villa. Er
10 sieht aus wie Magnus, nur größer. Das ist
bestimmt Titus.

Simon stößt einen Seufzer aus. „In so einem
Haus möchte ich auch mal wohnen. Aber
mein Papa verdient leider nicht genug."

15 Der größere Junge setzt eine hochnäsige
Miene auf. „Dann muss dein Papa Spenden
sammeln", sagt er zu Simon. „Wie meiner."

Frau Weiler stopft hastig den Karton neben
die Mülltonnen. „Na los, wir packen jetzt den

36

Bagger aus." Sie zerrt ihre
Söhne zur Haustür. „Titus,
sag das nie wieder!",
schimpft sie dabei.

5   „Aber es stimmt doch",
verteidigt sich Titus.

Im nächsten Moment
schlägt die Tür zu.

„Das gibt's ja nicht!",
10   zischt Teris.

„Jetzt ist alles klar",
sagt Simon. „Weilers plötzlicher Reichtum
stammt von diesen ,kleinen Spenden', die der
Mann aus dem Wäldchen an ihn gezahlt hat.
15   Und das nennt man …"

„Bestechung!", ruft Teris aufgeregt.

Simon wirft einen Blick auf die Uhr. Viertel
vor sieben. Nichts wie los, um Herrn Kant von
den Ergebnissen ihrer Recherche zu berichten!

37

7. In letzter Minute ————————

Punkt sieben Uhr sind sie in der Redaktion.

Geschafft! Nur von Jule ist nichts zu sehen.

„Hm, hm", macht Jonathan Kant, während

er ihrem Bericht zuhört. „Hm, hm."

5 Soll das alles sein? Kein Jubelschrei? Kein:

Jetzt haben wir die Bande? Nichts?

Jules Vater greift zum Telefon und führt ein

kurzes Gespräch. Simon hält den Atem an.

„Gut", sagt Herr Kant, nachdem er aufgelegt

10 hat. „Die Sache mit dem Urlaub hab ich mir

vom Bauamt bestätigen lassen. Schuldes ist

tatsächlich nicht da. Es hat also jemand

anders seinen Namen unter die Bauge-

nehmigung gesetzt." Er klickt in seinen Artikel,

15 löscht einen Teil und beginnt zu schreiben.

Eine Frau mit klackernden Schuhen kommt

an Herrn Kants Schreibtisch. „Die Schluss-

redaktion fragt, wo dein Artikel bleibt."

„Jaja, gleich." Jules Vater tippt wie verrückt.

Die Frau schaut bedeutungsvoll auf die Uhr und klackert wieder davon.

Simon starrt auf den Bildschirm. „Schreiben Sie denn gar nichts über Claudius Weiler?"

Herr Kant schüttelt den Kopf. „Das kann ich nicht. Ihr habt drei verschiedene Aussagen, woher er sein Geld hat. Ihr vermutet, dass Weiler bestochen worden ist. Aber ihr wisst es nicht. Ihr habt keinerlei Beweise dafür."

„Der wohnt in einer Schickimickivilla!", ruft Simon. „Das ist doch wohl Beweis genug!"

Herr Kant schüttelt wieder den Kopf.

Da stürmt endlich Jule herein. „Papa, ich hab den Vogel!", schreit sie. Ihre Haare stehen nach allen Seiten ab. „Ich hab mich im Wald auf die Lauer gelegt. Und irgendwann kam er. Ich hab ihn fotografiert. Hier …" Jule zeigt ihrem Vater die Bilder auf dem Handy. Dann streckt sie es stolz Simon und Teris entgegen.

Die beiden Jungen sehen sich fragend an.

„Das ist ein Steinkauz!", ruft Jule begeistert.

Simon und Teris verstehen immer noch

nicht, warum Jule so aufgeregt ist.

5   Herr Kant fragt: „Bist du ganz sicher?"

Simon ist sich sicher. Und zwar, dass Jule

falschliegt. Ein Kauz ist eine Eulenart – und

Eulen sind nachtaktiv. Sie schlafen am Tag.

Jule sprudelt schon weiter: „Normalerweise

10   jagen Steinkäuze nur in der Dämmerung und

nachts. Aber wenn sie Junge aufziehen, fliegen
sie auch tagsüber. Und sie haben Junge! Das
Paar hat ein Nest in einer Baumhöhle." Jule
holt tief Luft. „Und das Beste ist: Steinkäuze
⁵ gehören zu den bedrohten Tierarten."

Plötzlich kommt Leben in Jonathan Kant. Er
führt mehrere aufgeregte Telefonate, in denen
ziemlich oft das Wort „Naturschutz" fällt.

Endlose Minuten vergehen. Simon hüpft von
¹⁰ einem Bein aufs andere.

Herr Kant legt endlich auf und sagt: „Ich
hab eben mit dem Naturschutzbund und dem
Förster gesprochen. Steinkäuze sind streng
geschützt. Und von den Käuzen im Wäldchen
¹⁵ weiß die Stadtverwaltung. Die Genehmigung
hätte also nie erteilt werden dürfen. Zumal
eine Unterschrift offensichtlich gefälscht ist."

Simon, Teris und Jule strahlen sich an.

„Jonathan …" Das ist wieder die Klackerfrau.

41

„Moment", sagt Herr Kant. „Ich muss den Artikel schnell überarbeiten."

Die Klackerfrau sieht aus, als würde sie gleich in Ohnmacht fallen. „Wir können unter 5 keinen Umständen kurz vor dem Andruck alles über den Haufen werfen!"

Jonathan Kant entgegnet: „Oh doch, der Artikel ist es wert. Das versichere ich dir."

8. Die Schlagzeile _____

Der Rest des Abends kommt Simon vor wie
ein Traum. Jonathan Kant ruft bei den Eltern
an, damit sie sich keine Sorgen machen.
Simon und Teris können jetzt nämlich nicht
einfach nach Hause gehen. Die Jungen wollen
unbedingt sehen, wie die Zeitung gedruckt wird.

Danach schreibt der Redakteur seinen
Artikel, und zwar „auf Blitz", wie Jule ihnen
erklärt. So heißt das, wenn eigentlich gar
keine Zeit mehr ist. Und tatsächlich wirbeln
Herrn Kants Finger blitzartig über die Tastatur.

Irgendwann brüllt Jules Vater: „Fertig!"

Jetzt ist die Schlussredaktion an der Reihe.
Und die Zeitung hat eine neue Schlagzeile:

Einkaufszentrum bedroht geschützte Steinkäuze

Gefälschte Unterschrift wirft Fragen auf

Um Punkt zehn Uhr setzt sich die riesige
Maschine in der Druckerei in Gang. Staunend
stehen Simon und Teris daneben. Ein paar
Minuten später halten sie die allererste Aus-
gabe des Kullheimer Morgenblatts in den
Händen.

Simon schnuppert selig daran und liest:

Bisher scheint der Bau des Einkaufszentrums
als Geheimsache behandelt worden zu sein.
Erst der Artikel von zwei engagierten Jung-
redakteuren in ihrer Schülerzeitung brachte
das Vorhaben ans Licht. Nachforschungen
ergaben ...

Dann kommt, was sie in den letzten Stunden
herausgefunden haben.

Als Simon im Bett liegt, ist es schon spät.
Trotzdem kann er lange nicht einschlafen.

Neben seinem Kopfkissen knistert die Zeitung mit der wunderbaren Schlagzeile. Und in seinen Träumen blinken Bildschirme, tanzen Buchstaben und dröhnen Druckmaschinen.

5 Am Morgen rauscht der Regen. Simon ist todmüde, muss aber zur Schule. Er kriecht aus dem Bett und schleppt sich in die Küche.

„Guten Morgen, du Held", begrüßt ihn seine Mutter. Sie stellt ihm einen Becher Kakao und 10 ein Toastbrot mit Käse auf den Tisch. Daneben liegt die Zeitung – noch eine …

Ob die anderen aus der Schule auch das Kullheimer Morgenblatt bekommen? Hastig schüttet Simon seinen Kakao hinunter. Auf 15 einmal kann er gar nicht schnell genug das Haus verlassen.

Simon sprintet los. In der Schule sieht er schon von Weitem den Menschenauflauf vor

45

dem Klassenzimmer. Seine Mitschüler reden wild durcheinander.

Hanna ruft: „Darf ich mitmachen? Ich hab den Artikel über die Pflanzaktion fast fertig."

5 Paul drängelt sich vor und schreit: „Ich will auch mitmachen! Ich will auch recherchieren!"

„Ich will auch ins Bauamt einbrechen!", fällt ein anderer Junge ein.

„Das könnt ihr vergessen", sagt Simon. „Wir 10 sind Journalisten, keine Einbrecher."

Ein paar Kinder wenden sich enttäuscht ab.
Aber die meisten bleiben hartnäckig: „Dürfen
wir trotzdem mitmachen?"

Das ist ihr Durchbruch! „Ich werde mal mit
Teris darüber reden", sagt Simon.

„Und mit Jule", fügt Teris hinzu, der genau
in diesem Moment eintrifft.

Simon widerspricht nicht.

Am Mittag nach dem Unterricht scheint wieder
die Sonne. Zu dritt gehen Simon, Teris und
Jule ins Wäldchen zu ihrem Baumhaus.

Jule hat Neuigkeiten: „Ich hab eben kurz mit
Papa telefoniert. Die Polizei hat sich bei ihm
gemeldet. Es gibt Ermittlungen gegen Weiler
und den Typ, der das Einkaufszentrum bauen
will. Die Baugenehmigung liegt auf Eis."

Simon schaut hinüber zu den Steinkäuzen,
die ihre Jungen versorgen. Es sieht ganz

danach aus, dass die Sache auch für die Vögel gut ausgeht. Der Wald, das Zuhause der Käuze, ihr Baumhaus, das alles wird erhalten bleiben! Und angefangen hat es mit ihrer Exklusivmeldung …

„Wir sollten schnell nachlegen", meint Simon. „Was schreiben wir als Nächstes?"

Teris grinst und antwortet: „Was hältst du denn davon: Kommt ein Skelett zum Arzt …"